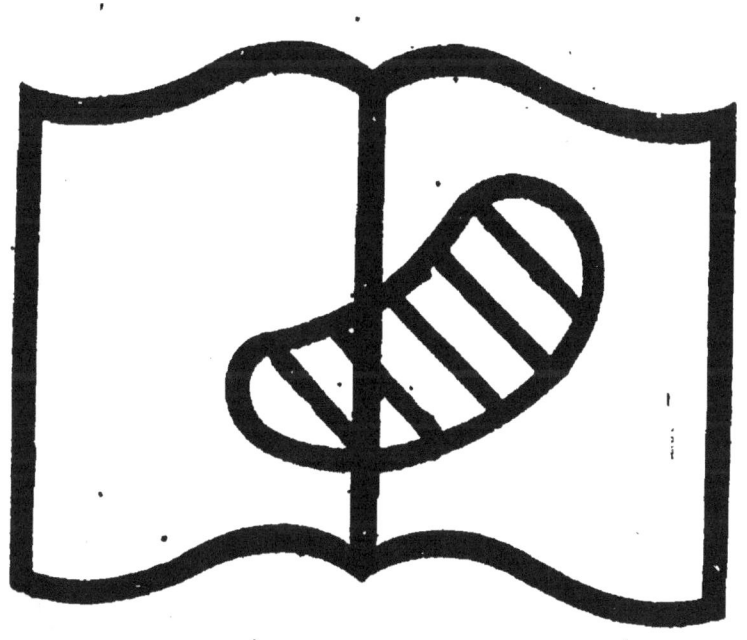

Illisibilité partielle

VALABLE POUR TOUT OU PARTIE DU
DOCUMENT REPRODUIT

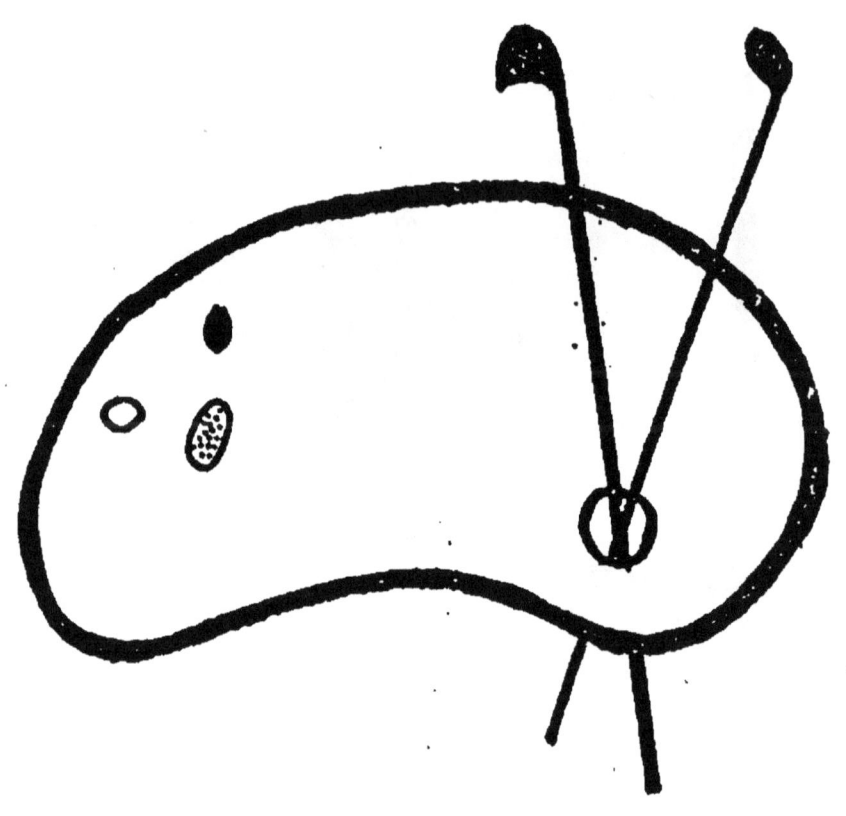

**COUVERTURE SUPERIEURE ET INFERIEURE
EN COULEUR**

J'ai l'honneur de renouveller à Monsieur Descormeaux tous les tendres sentimens dont je suis pénétré pour lui; et de lui offrir cette très mince production qui n'a d'autre mérite que d'être consacrée à l'amitié. Mérite qui suffit pour lui qui sait si bien la sentir et l'exprimer.

Brijan

ce 8. Janvr. 1792.

NOTICE

SUR JEAN-CLAUDE

RICHARD-DE SAINT-NON;

Abbé Commendataire de l'Abbaye de Poultières, Diocèse de Langres; Amateur honoraire de l'Académie de Peinture.

Par GABRIEL BRIZARD.

DE L'IMPRIMERIE DE CLOUSIER,
Imprimeur du ROI, rue de Sorbonne.

1792.

Cette Notice ne se vend pas; les Gens de Lettres, les Artistes et les Amateurs la trouveront chez Delafosse, Graveur, place du Carrousel, près la rue de l'Echelle.

NOTICE

Sur Jean-Claude Richard, Abbé de Saint-Non.

Au milieu des grands intérêts qui nous entraînent, qu'il nous soit permis d'arrêter un instant nos regards autour de nous. Nous avons besoin de soulager notre douleur : nous allons jetter quelques fleurs sur la tombe d'un ami.

Jean-Claude Richard-de Saint-Non, doué d'une imagination vive, d'un caractère ardent, d'une ame sensible, étoit né pour les arts et pour l'amitié. Ces deux divinités partagèrent et embellirent sa vie. Il auroit voulu leur faire le sacrifice de tous ses instans ; mais il falloit avoir un état dans le monde. Il étoit le puîné de plusieurs frères (1). On

---

(1) Il étoit le plus jeune des fils d'un Receveur-général des Finances et de Mademoiselle de *Boullogne,*

le fit donc *Abbé* et *Conseiller au Parlement* : il fallut, pour complaire à des parens chéris, prendre la tonsure et la robe. SAINT-NON n'étoit pas plus fait pour la théologie que pour la chicane : sa vocation n'étoit ni de juger ni de disputer ; mais tel étoit alors la tyrannie de l'usage, il fallut s'y conformer. Le jeune homme prit à regret cette double chaîne, en se promettant bien d'alléger l'une et de briser l'autre le plutôt qu'il lui seroit possible.

Il fut donc *Sous-Diacre*, mais ne voulut jamais entrer plus avant dans les Ordres : Magistrat, il fit son devoir, et suivit plusieurs années le Palais.

Ce genre d'occupation l'attristoit : il avoit une répugnance invincible pour les discussions d'intérêt. D'ailleurs il n'y trouvoit point, comme tant d'autres, les dédommagemens de l'amour-propre. Il

---

fille, nièce et petite-fille de premiers Peintres du Roi. L'amour des arts circuloit pour ainsi dire dans ses veines.

ne connut jamais ces tristes jouissances. Sa douceur, sa modestie, ses goûts simples et naturels, lui donnoient autant d'éloignement pour tout ce qui est de pure représentation que d'aversion pour les airs d'importance : enfin, tout chez lui, jusqu'à son amabilité, contrastoit avec la morgue de ce nouvel état.

Une jeune femme vint un jour le trouver pour lui recommander une affaire dont il étoit le Rapporteur; elle le traitoit de *Monseigneur;* il en fut affligé : il la fit asseoir et lui dit : *Je ne suis point un Monseigneur, je suis un de vos Juges; soyez vous-même juste et vraie, et je vous ferai droit suivant ma conscience.*

Impatient du joug, il essaya de s'y dérober au moins pour quelques instans : il demanda un congé et fit un voyage en Angleterre. Il toucha cette terre classique de la liberté, et vint reprendre ses tristes fonctions : il auroit succombé sous le poids du dégoût, si la Musique, le Dessin, la Peinture, et sur-tout la Gravure ne fussent venus à son secours pour lui procurer d'agréables distractions. Il faut l'avouer, les circonstances étoient bien propres à justifier et à augmenter ces dégoûts.

C'étoit le tems de ces fameuses et ridicules querelles entre les Prêtres et les Parlemens qui déchiroient la France et scandalisoient l'Europe. Il étoit question de je ne sais quelle Bulle du Pape qu'on appelloit *Constitution*, et de billets de confession qu'on exigeoit des mourans : on se faisoit une guerre ouverte. Les Evêques et les Magistrats se lançoient mutuellement des arrêts et des anathêmes : la Cour voulut les réduire au silence ; chose impossible : la rage des partis ne fit que s'accroître. Le Parlement fut exilé ; les Membres dispersés dans différentes villes : l'Abbé de SAINT-NON le fut à Poitiers, où il resta plus d'une année.

Je ne sais comment les autres Magistrats soutinrent leur disgrace ; mais pour celui que nous regrettons, ce fut un des tems les plus heureux de sa vie. Rendu à une vie privée, jetté dans une société douce et choisie, il s'occupoit beaucoup plus de musique et de dessin que de la Bulle et des querelles du Parlement; et dès-lors il se livra tout entier à son goût pour les arts, qui ne faisoit qu'augmenter tous les jours.

Son exil finit, ou plutôt il commença pour Saint-Non ; il vint reprendre sa chaîne : elle devenoit chaque jour plus pesante. Au lieu de s'appaiser, les troubles se rallumèrent ; plusieurs années se passèrent dans ces agitations ; les esprits s'aigrirent, la discorde régnoit dans le Parlement. Dans une assemblée secrète, ces Messieurs avoient résolu de donner tous leur démission. Saint-Non rentré chez lui se hâte d'envoyer la sienne au Chancelier. La nuit avoit amené d'autres conseils; les *Gros Bonnets* se ravisent, et dès le matin on envoie chez chacun de *Messieurs* annoncer qu'on ne donnera pas sa démission. *J'en suis fâché,* dit Saint-Non, *mais la mienne est partie.*

Les affaires s'arrangent, le Parlement se raccommode avec la Cour. On boude le jeune Conseiller ; l'esprit de corps agit dans tout son despotisme : tant de tracasseries le lassent ; il persiste et donne personnellement sa démission.

Dans la joie de son ame il envoie chercher le Professeur qui lui avoit enseigné le Droit ; et lui montrant ces livres tristement scientifiques ; *Mon cher ami,* lui dit-il, *je vous en prie, débarrassez-moi de tout cela ; vîte, emportez tout ; et que je ne les revoie plus.* Lui-même il aide à les enlever, en fait charger deux voitures ; puis les voyant disparoître, il saute de joie ; *Dieu merci,* s'écrie-t-il, *me voilà libre ;* et il part pour l'Italie.

Depuis long-tems il brûloit de voir ces belles contrées. Ce voyage est pour un amant des arts, ce qu'est celui de la Mecque pour un fidèle Musulman ; il faut le faire au moins une fois pendant sa vie. Le prix de cette charge qu'il avoit vendue fournit aux frais de ce pélerinage : il gagnoit doublement à ce marché ; il échangeoit de l'ennui contre la plus douce des jouissances, et vit enfin ces lieux, objets de ses desirs (1).

Ce fut pour lui une existence nouvelle ; il se trouvoit dans son élément : entouré des antiques chef-d'œuvres des arts et des richesses de la nature, il se livroit tout entier à l'étude et à la contemplation de ces beaux modèles. Tantôt gravissant sur les sommets du Vésuve, et tantôt descendant sous les sombres profondeurs d'*Herculanum*, il vivoit au milieu de ces ruines savantes et des débris de la nature, enrichissant ses tablettes et ses porte-feuilles de tout ce qui frappoit ses avides regards. Il évitoit avec soin les grandes sociétés, les *Monsignors* pour lesquels il n'avoit qu'une médiocre estime, et leur préféroit comme de raison les Artistes, devenus ses amis et les compagnons de ses travaux, ou plutôt de ses plaisirs. Il s'applaudissoit

---

(1) Aux années 1759, 1760 et 1761.

sur-tout d'avoir fait connoissance et lié une amitié qui ne se démentit jamais avec deux jeunes Peintres qui dès-lors annonçoient le plus grand talent, et qui depuis ont bien justifié ces espérances; MM. Robert et Fragonard. C'est avec eux qu'il parcourut l'Italie et qu'il moissonna ces riches productions qu'étalent en ces beaux climats, les arts et la nature. Il les confioient à leurs crayons. Tout payoit un tribut à leur active curiosité; et au lieu de froides descriptions, ils emportoient des images fidèles des lieux et des choses qui se pressoient sous leurs pas et les arrêtoient si agréablement dans leurs courses.

L'Abbé de Saint-Non eut le bonheur d'habiter plusieurs mois de suite à *Tivoli* même et dans la *Villa d'Est* qui lui fut prêtée par l'Envoyé de Modène: ce fut une de ses plus délicieuses jouissances. Chaque jour étoit marqué par la découverte d'un nouveau site, d'une beauté nouvelle, et par un dessin de plus pour ses porte-feuilles. Enfin il réunit une collection précieuse de tout ce qu'offre de plus intéressant cette patrie des arts ; et après deux ans de travaux, qui furent pour lui deux années de ravissement et d'extase, il s'arrache avec peine à ces délicieuses contrées.

De retour en France, il s'occupa des moyens d'y prolonger ses plaisirs. Il mit en ordre ce qu'il avoit de plus curieux parmi ses dessins, en vases, monumens, statues et fragmens antiques, et se plut à les graver lui-même. »Il lui » falloit, pour entreprendre une suite » aussi nombreuse, une manière de » graver plus expéditive que la gravure » à l'eau forte dont on se sert ordinaire- » ment. Il a eu recours pour cela à un » genre qui imite les dessins lavés à l'en- » cre de la Chine«. Ce genre avoit déja été employé par M. le Prince ; mais cet Artiste faisoit mystère de son procédé. SAINT-NON n'eut point de cesse qu'il ne l'eût découvert ; il pressa M. Delafosse, Graveur, avec qui il étoit lié dès l'enfance, de s'en occuper : il en dut la communication à son amitié : »Ce n'est point » le même procédé, mais il donnoit les » mêmes résultats : il en approchoit du » moins par la rapidité de l'exécution (1)«. C'est ce qu'il falloit à l'Abbé de SAINT-NON. Il s'y livre avec l'ardeur qu'il mettoit à tout ce qu'il entreprenoit, et bientôt on vit paroître la suite de Rome en 60 planches qui furent très-bien accueillies, et où l'on retrouve en effet, sous une touche vive et spirituelle, *la prima intenzione* et tout le goût des modèles. Cette première collection fut suivie de plusieurs autres.

Ce succès et les exhortations de ses amis l'encouragèrent. Il ne s'agissoit de rien moins que de donner un *Voyage Pittoresque* de toute l'Italie, ou du moins *de Naples et de Sicile*.

Ce voyage, tel qu'il a été conçu et exécuté depuis, étoit au-dessus des moyens d'un simple particulier. Plusieurs riches Amateurs se réunirent pour

---

(1) Voyez l'Avant-Coureur du premier Juin 1772.

cette entreprise; mais bientôt fatigués des soins et des dépenses qu'elle entraînoit, ils l'abandonnèrent. Tout le faix retomba sur l'Abbé de SAINT-NON, qui seul alors remplit les engagemens de la société envers le public, y consacra toute sa fortune et celle de son frère, et conduisit à sa perfection ce monument que dix ans de travaux et de soins assidus purent à peine élever à la gloire des arts.

Il fallut tout le zèle et l'enthousiasme qu'on lui a connu pour se soutenir dans une si longue carrière, et triompher de toutes les difficultés. Les seules avances à faire étoient capables d'effrayer. Aux nombreux trésors qu'il avoit rapportés d'Italie, il fallut joindre de nouvelles richesses. Il y envoya de nouveaux Artistes pour complletter cette immense galerie de vues et de tableaux de ce pays enchanteur : ils firent ce voyage sous les yeux d'un homme plein de talent et de goût qui voulut bien les diriger (1).

---
(1) M. *de Non*, de l'Académie de Peinture.

leur fit choisir dans ce vaste champ les sites les plus riches et les plus intéressans sous tous les aspects.

Cependant SAINT-NON dirigeoit les Artistes de Paris : il y mit une célérité qui prenoit sa source dans son enthousiasme et dans l'activité de son caractère ; et bientôt parurent les premières livraisons du *Voyage Pittoresque*. Les autres se succédèrent sans interruption pendant dix années (1).

Nous n'entreprendrons point de détailler les beautés que renferme ce grand Ouvrage : nous n'apprendrions rien aux Artistes et aux Amateurs des arts qui en font leurs plus chères délices, et nous essayerions vainement de peindre aux autres des objets qui échappent à l'analyse : il faut voir l'ouvrage même.

Pour en avoir une foible idée, on peut consulter un Extrait qui en a été fait dans le tems (2), et dont nous nous contenterons de citer le passage suivant.

---

(1) De 1777 à 1787.
(2) Cet Extrait a été inséré dans le Mercure du

» L'Auteur, sans négliger ce qui con-
» cerne les mœurs, le gouvernement, le
» commerce, s'est particulièrement atta-
» ché, ainsi que l'annonce le titre de son
» Livre, à décrire les richesses de la na-
» ture et les chef-d'œuvres des arts. Nulle
» part la nature n'est plus prodigue, ni
» l'art plus imposant que dans le pays
» qu'il a parcouru. Il a fait dessiner
» toutes les vues les plus pittoresques,
» les sites les plus curieux, les monu-
» mens et tous les restes précieux de
» l'antiquité qu'on rencontre à chaque
» pas dans cet heureux climat : l'Ou-
» vrage est de la plus riche et de la plus
» parfaite exécution, et nous ne craignons
» pas de dire que c'est un des plus su-
» perbes monumens que l'amour pas-
» sionné du beau, le goût et la magni-
» ficence, sur-tout dans un simple ci-
» toyen, aient jamais consacrés à la

---

mois de Février 1787, numéros 7, 8 et 9, et depuis a
été réimprimé à part avec quelques légères additions.

»gloire des arts dans aucun pays du
» monde (1) «.

L'Auteur avoit pris pour épigraphe
ces mots : *Ce qu'à nos Jardins sont les
Fleurs, les Arts le sont à la vie.*

Ce fut pendant le cours de cet Ouvrage que l'Académie de Peinture l'adopta comme *Amateur honoraire* : il fut reçu à l'unanimité ; elle étoit due à

---

(1) *Le Voyage Pittoresque de Naples et de Sicile* est en 5 volumes grand *in-folio*. Il contient 417 estampes capitales de Plans, de Tableaux et de Vues, toutes dessinées sur les lieux d'après nature. Le texte des 5 volumes est orné de plus de 125 Vignettes, Fleurons et ornemens d'après des dessins charmans, et gravés par les plus habiles Maîtres dans chaque genre.

» On trouve toujours ce Voyage complet, ainsi que
» le Supplément des volumes de cet important Ouvrage, pour les personnes qui avoient souscrit et qui
» n'ont pas achevé de completter leur exemplaire, de
» même que la collection des Pièces fugitives qu'on a
» réunies en 294 planches dans un volume grand *in-fol.*
» de 161 feuilles brochées en carton, toutes gravées de
» la main de l'Abbé de Saint-Non, chez Delafosse,
» Graveur, place du Carrousel, près la rue de l'Echelle «.

On trouve aussi chez lui l'Analyse dont nous venons de parler.

ses

ses talens, à ses connoissances, et peut-être aussi à l'aménité de son caractère, bien propre à réunir tous les suffrages.

Sa modestie embellissoit encore ses qualités. Il sembloit ne mettre aucun prix à ses travaux : ils avoient fait son bonheur ; il étoit assez payé. Il ne s'en entretenoit jamais que pour citer les Gens de Lettres et les Artistes qui avoient concouru à embellir ce monument des arts. Quand on rendit compte de ce grand Ouvrage, on en parla avec l'enthousiasme dont on ne pouvoit se défendre en le lisant : celui qui fit cet Extrait finissoit par payer à la personne de l'Auteur le tribut d'éloges qu'il méritoit : il s'exprimoit à son égard avec ce ton de sensibilité et cet intérêt qu'inspiroit bientôt l'Abbé de Saint-Non à tous ceux qui étoient à portée de le connoître. Mais la modestie de l'Auteur exigea le sacrifice de cet éloge : il perdit quelques louanges, mais il acquit un ami qui depuis ce moment lui fut bien tendrement attaché.

Vivant dans la plus haute société, chose étonnante! il n'y avoit rien perdu de sa candeur. Au milieu du grand monde, il n'y avoit contracté que cette grace facile qu'il savoit mettre à tout, et qui étoit répandue dans toutes ses manières.

Les grandeurs portent à la tête, disoit-il, *tel est notre sort à nous autres chétifs mortels : plus on est honoré et plus on est sottifié.*

Durant son voyage d'Italie, le Roi de Naples lui fit présent du magnifique Recueil des Gravures d'*Herculanum*, que ce Prince étoit dans l'usage de donner aux Etrangers considérables qui lui étoient présentés : *Apparemment*, écrit SAINT-NON à son frère, *que je suis sans m'en douter un homme fort considérable.*

» Mes goûts sont très-modérés, *écrit-*
» *il ailleurs à ce même frère ;* il n'est
» qu'un point sur lequel ils ne font
» qu'augmenter. C'est celui de la liberté
» et celui d'être aimé. Ah ! il est certain
» que sur ces deux articles là, je suis

» d'une jalousie terrible, et n'entends
» rien à en faire le moindre petit sacri-
» fice. Tout le reste m'est égal, et cela
» tu peux le dire à toute la terre : *Ami-*
» *citia et Libertas : ce sont mes Divi-*
» *nités favorites* «.

Sa seule inquiétude, dans ce voyage,
étoit la crainte d'être oublié de ses amis.
Tout avoit rapport aux objets qui lui
étoient chers : en entrant dans Saint-
Pierre de Rome, étonné de la sublime
simplicité et de la majesté religieuse de
cette Basilique; *mon premier mouve-
ment, dit-il, a été de penser à notre
tendre mère; hélas! que ne donnerois-
je pas pour y adorer à côté d'elle le
Maître de la terre* (1).

Sa correspondance est remplie de pa-
reils traits : par-tout sa diction est facile,

_____

(1) Dans cette même lettre il ajoute : » Je suis per-
» suadé que l'homme le plus altier, l'être le plus or-
» gueilleux y seroit humilié...... Il est certain que pour
» des ames grossières attachées aux choses d'ici bas,
» comme le sont les trois quarts des humains, il faut
» de ces effets là, de ces grandes machines pour les
» émouvoir et les élever «.

B 2

son style naturel et plein de grace : il y règne un aimable abandon. Je voudrois recueillir ces billets échappés à sa plume rapide et sans fard : c'est là que l'ame se peint à nud : c'est là que j'aime à étudier le cœur humain. Les lettres de Sévigné, la correspondance de Voltaire et de Frédéric, les lettres de Jean-Jacques, me font mieux connoître les hommes que cent volumes d'Histoire.

Il étoit vif et passionné : mais il n'eut que des goûts honnêtes et des passions affectueuses : il n'en connut jamais d'autres. Quelques personnes eurent des torts à son égard ; je ne sais si elles les lui ont pardonnés : pour lui, son unique vengeance fut de n'en jamais parler. Il témoignoit son amitié avec franchise, et n'exprimoit son mépris que par le silence.

L'ame franche et douce de SAINT-NON avoit gagné la confiance de Rousseau : peut-être cet ami de la vertu et de la vérité avoit-il démêlé dans son caractère quelque chose d'analogue au sien. Peut-être la vive sensibilité de Saint-Non le rendoit digne de l'amitié de ce grand Homme. Quand il partit pour l'Italie, Rousseau alors retiré à Montmorenci, lui avoit donné une lettre de recommandation pour M. Vernes, Pasteur à Genève. Le passage de la lettre où Jean-Jacques remercie M. Vernes est trop honorable à la mémoire de Saint-Non pour le passer sous silence : le voici :

» Je savois, mon cher Vernes, la bonne
» réception que vous aviez faite à l'Abbé
» de Saint-Non ; que vous l'aviez fêté ;
» que vous l'aviez présenté à M. de Vol-
» taire ; en un mot, que vous l'aviez
» reçu comme recommandé par un ami ;
» il est parti le cœur plein de vous, et
» sa reconnoissance a débordé dans le
» mien «.

Que ces derniers mots caractérisent bien le sensible Saint-Non : il me semble lire sa lettre. On sent que Jean-Jacques en étoit content. Ces deux ames étoient faites pour s'entendre ! Mais les évènemens les ont séparés. L'un alloit embellir sa vie par la culture des arts auxquels il s'étoit dévoué tout entier. Le Grand Homme alloit nous enrichir de ses chef-d'œuvres ; *le Contrat Social, Emile, l'Héloïse* : et le prix de tant de bienfaits étoit l'exil et la proscription.

Long-tems après il retrouva Jean-Jacques à qui l'on avoit permis par grace de respirer dans Paris. L'Auteur d'Emile logeoit au quatrième étage, dans la rue qui d'après notre vœu (1) est maintenant honorée de son nom. L'ami des arts offrit à l'ami de la nature quelques gravures de ces paysages charmans dont il avoit enrichi son voyage de Naples. Rousseau qui ne vit pas dans cette offre, comme dans tant d'autres, l'intention de l'humilier ou de le protéger, et qui ne croyoit pas tout le monde digne de lui faire un présent, si petit qu'il fût, accepta ces estampes avec plaisir. Quelqu'un parla de les enluminer : *Non, non,* dit Rousseau ; *mon imagination y mettra les couleurs.*

---

(1) Voyez la Chronique de Paris du 16 Janvier 1791.

Il le revit une dernière fois à Ermenonville : ce fut un beau jour pour Saint-Non, et même pour Jean-Jacques. On fit après le dîner une promenade sur le lac, dans des bateaux ornés de guirlandes de verdure. Dans l'Isle des Peupliers étoit placé derrière le feuillage un orchestre champêtre, qui, tout-à-coup fit entendre les plus charmants airs du *Devin de Village*. Rousseau fut vivement touché de cette attention délicate de son hôte et de son ami Girardin. Quelques larmes coulèrent de ses yeux : hélas ! il ne prévoyoit pas qu'il dût si-tôt en faire couler à son tour et que cette Isle seroit son tombeau. Ah! du moins, ne l'arrachez pas de ce paisible asyle. Au lieu de le transporter avec fracas dans nos cités, que l'Isle des Peupliers devienne bientôt un temple : c'est-là ; oui c'est-là que tous les cœurs sensibles doivent aller saluer son ombre et vénérer sa cendre.

Saint-Non fut lié avec un autre Grand Homme qu'on peut appeller le Rousseau du Nouveau Monde : des amis communs les rapprochèrent : il est bien glorieux pour lui d'avoir mérité l'estime et l'affection de tels hommes qui ne prodiguoient pas ces sentimens. Francklin, à qui nul art n'étoit étranger, aimoit à s'en entretenir avec Saint-Non. Il fut curieux de connoître le procédé ingénieux et si expéditif dont il se servoit pour sa gravure au lavis. Le jour fut pris pour cela. Francklin vient déjeûner chez lui ; et, tandis que le thé se prépare, on arrange la planche. Tout est disposé ; Saint-Non se met à l'œuvre : il s'étoit muni d'une presse ; on tire la planche, et il en sort une charmante gravure, où l'on voit le génie de Francklin planant sur l'hémisphère du Nouveau Monde, et couronné des mains de la Liberté. Quelle agréable surprise pour le Brutus de l'Amérique ! Cette galanterie vraiment Française, rappelle celle dont Pierre le Grand fut l'objet au Cabinet des Médailles.

Dans la composition de son grand Ouvrage, indépendamment de sa passion pour les arts qu'il satisfaisoit d'une manière si noble, il avoit une autre jouissance non moins douce pour une ame telle que la sienne : c'étoit d'être utile à une infinité d'Artistes dont les talens étoient employés à enrichir et perfectionner cette belle Collection : c'est lui qui les dirigeoit tous. Il se livroit au travail avec une ardeur qu'il n'étoit pas maître de contenir. Dans un hiver rigoureux, il se levoit tous les jours à six heures du matin ; et comme on lui représentoit qu'avec une complexion aussi délicate que la sienne il devoit se ménager davantage et qu'il altéroit sa santé : *Eh mon ami*, dit-il, *puis-je faire autrement ? vous sentez bien que ce n'est pas pour moi ; mais cette foule d'Artistes intéressans dont l'existence est attachée à mon travail peuvent-ils attendre ?*

Rien n'égaloit la délicatesse et la noblesse de ses procédés avec eux : j'ai entendu dire *qu'il gâtoit les Artistes* : c'est-à-dire qu'il ne savoit pas chicaner le talent et marchander le génie.

Parmi les traits de bienfaisance et de

générosité qui honorent son caractère, nous citerons les suivans. Le premier est un de ceux que le célèbre Robert aime à raconter.

Ils avoient fait ensemble le voyage de Naples. Etant dans cette ville, un jour le jeune Robert, qui ne négligeoit aucune occasion d'enrichir ses pinceaux, alla sans la permission du commandant dessiner la citadelle de Naples ; ce qui étoit expressément défendu. Comme il finissoit son dessin, un Officier le surprend t deux fusiliers l'arrêtent; il est conduit en prison. L'Artiste demande la permission d'envoyer un exprès à l'Abbé de Saint-Non pour le prier de venir le trouver. Celui-ci vole et arrive avant même que le Commissionnaire fût de retour. Instances, prières, argent, tout fut mis en usage pour obtenir la liberté du jeune Artiste ; il ne peut rien gagner : enfin pour grace unique, il demande de prendre la place du prisonnier, tandis que celui-ci iroit chez l'Ambassadeur : *je prends tout sur moi*, s'écrie-t-il; *et la vue de ce dessin suffira seule pour instruire l'Ambassadeur.* En effet SAINT-NON reste en ôtage ; Robert court chez le Ministre de France ; celui-ci vient en personne trouver le Commandant de la forteresse ; lui dit qu'il se charge des suites de cette affaire ; et en peu de tems elle est terminée à la grande satisfaction de toutes les parties.

» Ce trait de générosité, d'amitié et d'in» térêt pour les arts, ajoute M. Robert, » ne s'est jamais effacé du cœur de son » plus tendre ami « : ce sont ses propres expressions, qui les honorent l'un et l'autre.

Un Peintre, aujourd'hui célèbre, avoit reçu de lui, en Italie et en France, des marques multipliées du vif intérêt que lui inspiroient ceux qui, à des talents distingués, joignoient des qualités aimables. Par un évènement particulier, les productions de cet Artiste acquirent tout-à-coup un prix extraordinaire. L'Abbé de SAINT-NON en possédoit un grand nombre ; il les lui donne en lui disant : *Mon ami, je faisois un cas in-*

fini de tes ouvrages, mais j'ignorois le prix que les autres y attachent; je te les rends afin que tu profites de la justice du public amateur, et que tu en tires le parti avantageux que tu peux en espérer.

M. Robert lui parloit un jour d'un Sculpteur revenu de Rome qui, faute de moyens, ne pouvoit s'occuper de son morceau de réception pour l'Académie. Les talens malheureux avoient un droit particulier pour exciter sa bienfaisance. Quoiqu'à cette époque où la révolution lui avoit enlevé son Abbaye, il ne lui restât qu'un revenu très-borné et qu'il éprouvât même quelque embarras par les circonstances, apprenant que 300 livres suffisoient pour mettre le jeune homme en état de travailler à sa réputation, non-seulement il remet la somme à M. Robert, mais voulant par son extrême délicatesse échapper à la reconnoissance de celui qu'il obligeoit, il engage M. Robert à supposer que c'est un prêt que lui fait un homme riche. Quelque tems après ce bienfaiteur supposé étant mort, l'Artiste vouloit rendre à la succession la somme qu'il croyoit lui devoir ; M. Robert ne put que l'assurer que son véritable bienfaiteur ne vouloit pas être connu, et qu'il n'étoit débiteur de personne. L'Abbé de Saint-Non avoit exigé le plus grand secret sur cette bonne action ; sa mort seule a permis de la révéler (1).

Ses vertus civiques égaloient ses qualités sociales. L'Abbé de Saint-Non devoit être ami de la révolution qui a régénéré la France, et il le fut en effet. Les principes de liberté et d'égalité qu'elle consacre étoient depuis long-tems dans son cœur.

Quelques mois avant les *États-Généraux* parut un Mémoire éloquent, marqué au coin du génie, rempli de vérités hardies, et où il y avoit des pages dignes de Tacite : toute la France y applaudit : l'ouvrage étoit d'un *Noble*, ami de Saint-

---

(1). C'est de MM. Paris et Robert eux-mêmes que nous tenons ces détails.

Non. On y lisoit cette phrase remarquable : *la Noblesse héréditaire est le plus épouvantable fléau dont le ciel dans sa colère ait pu frapper une Nation libre.* Un tel écrit annonçoit un ferme défenseur du peuple et de l'égalité ; et dès les premiers jours de l'Assemblée des États, l'Auteur tint un langage tout différent ; il fit tous ses efforts pour empêcher la réunion des Ordres. Jamais apostasie ne fut plus prompte et plus mal déguisée. L'Abbé de Saint-Non, profondément affligé, ne pouvant en croire ses yeux, cherchoit encore à douter. Il écrit une lettre publique et affectueuse à son ancien ami (1). Il cherche à l'ébranler ; il le rappelle à la vertu ; le conjure au nom de l'amitié, au nom de la patrie, d'employer ses rares talens pour la cause de la liberté. Il lui remet devant les yeux les passages les plus énergiques de son premier ouvrage, et termine ainsi sa lettre : »Le citoyen généreux, le loyal

---

(1) Le 8 Juin 1789.

» chevalier qui a pensé, qui a écrit ces
» fortes, ces saintes vérités, mériteroit
» une statue de ses compatriotes, s'il les
» soutient dans l'Assemblée Nationale;
» *si no, no* «. Ces derniers mots font
allusion à l'épigraphe qu'avoit pris l'Auteur. Le Noble fut sourd à cette voix,
et SAINT-NON le raya, non sans regret,
du nombre de ses amis.

Quand il fut question d'offrandes patriotiques, l'Abbé de SAINT-NON fut le
premier des Bénéficiers qui vint déposer
la sienne sur l'autel de la patrie : il
écrivit à cette occasion à l'Assemblée
cette lettre (1), que nos Législateurs ont
jugée digne d'être conservée.

» Messieurs, pour être Membre du
» Clergé, on n'en est pas moins Patriote;
» je viens vous offrir non le quart de mon
» revenu, mais la moitié. Je n'ai qu'une
» Abbaye qui me rapporte 8000 livres,
» je m'oblige à en verser 4000 dans le
» trésor public dans le courant du mois

_____

(1) Du 4 Octobre 1789.

» de Janvier prochain. Il ne me reste
» qu'un vœu à faire ; c'est que tous les
» Abbés Commendataires en fassent au-
» tant «. Cette lettre excita les plus vifs
applaudissemens d'un côté de l'Assemblée et des murmures de l'autre : on devoit s'y attendre ; mais les murmures furent étouffés, l'impression de la lettre ordonnée avec l'insertion au procès-verbal : mais le vœu qui la termine ne fut pas exaucé ; SAINT-NON eut peu d'imitateurs. Il est probable que si tous eussent suivi cet exemple, ils auroient épargné bien des malheurs à la France et à eux-mêmes.

SAINT-NON soupiroit après le moment qui devoit terminer toutes nos querelles et faire de tous les Français un peuple de frères : il croyoit que pour y parvenir aucun sacrifice ne devoit coûter. Il étoit enflammé du plus pur patriotisme. Mais autant son ame s'élevoit à l'idée de liberté, autant elle étoit affligée au récit des maux et des cruautés dont elle n'a été que le prétexte. D'une philosophie

douce

douce, indulgente, pleine d'humanité, ami de la tolérance universelle, tout ce qui portoit l'empreinte de la violence et de l'injustice le révoltoit. Il gémissoit sur la tyrannie de ces hommes qui, par leurs excès, calomnient le patriotisme et profanent la cause de la liberté. Les hypocrites et les persécuteurs lui étoient également odieux : mais sur-tout un Prêtre féroce et sans morale qui appelloit la vengeance et la famine sur la tête de ses frères, lui paroissoit une monstruosité dans l'ordre social, et le dernier terme de la perversité humaine.

Des manières ouvertes et prévenantes annonçoient la franchise de son caractère; il y avoit quelque chose d'élevé dans son attitude ; sa figure douce et animée étoit l'image fidèle de son ame : la bonté respiroit dans ses traits ; la sensibilité dans tous ses mouvemens. Je me représente quelquefois l'Abbé de SAINT-NON jetté dans une autre carrière; il avoit, j'ose le dire, quelque chose de l'ame et de la douceur de Fénélon.

.C

Il étoit difficile de connoître un tel homme et de ne pas l'aimer; son cœur étoit fait pour l'amitié. Le sentiment qui débordoit chez lui, cherchoit par-tout à se répandre; ce n'est que sur la fin de sa vie qu'il sentit le besoin de se resserrer; ses affections n'en devinrent que plus vives. Nous pourrions presque dire que c'est un éloge d'avoir été de ses amis. Il nous suffira de nommer parmi les Gens de Lettres, MM. Champfort, Chabanon, Desormeaux; parmi les Artistes MM. Robert et Fragonard, dont nous avons déja parlé; et M. Paris, dans qui il estimoit le talent uni à l'esprit, et la grace à la sensibilité.

Le charme de tant de liaisons affectueuses étoit couronné par l'amitié fraternelle qui a fait le bonheur de sa vie entière ; deux frères, amis dès le berceau, sans que jamais le plus léger nuage vînt altérer la pureté de cette union, offroient un tableau touchant, et peut-être l'image de la portion de bonheur qu'il est permis aux humains de goûter sur la terre. Ah ! sans doute, avec de tels sentimens, l'Abbé de Saint-Non a été heureux, j'aime à le croire; et du moins, personne ne fut plus digne de l'être : ses seuls, ses véritables chagrins, étoient de ne pouvoir suffire à soulager tous ceux qui s'adressoient à lui dans leurs peines.

Tel fut l'homme respectable, l'Ami vrai, le Citoyen vertueux, dont nous regrettons la perte. C'étoit pour lui que vivre est sentir. Il faisoit tout avec ame, avec passion; mais né avec un tempérament délicat, son ame ardente avoit usé cette frêle enveloppe : il s'éteignit rapidement comme une lampe qui n'a plus d'aliment. Dans ses derniers momens, la séparation de ses amis, d'un frère si tendrement chéri et si digne de l'être, le sort de ses fidèles domestiques, causoient sa seule inquiétude : dans les dispositions qui concernent ceux-ci, il consulta bien plus son cœur que sa fortune. Ses derniers soupirs furent cependant encore pour la chose publique.

La veille de sa mort, ayant à peine la force de s'exprimer, il dit à un de ses amis, d'une voix mourante : *Et le patriotisme, se soutient-il ?*...... Ce furent ses dernières paroles. Depuis ce moment, quelques plaintes inarticulées et un anéantissement total annoncèrent sa fin prochaine

L'Amitié, les Arts, la Patrie l'ont perdu le 25 Novembre 1791, dans la 64e. année de son âge.

Sans doute quelqu'autre plume saura payer à sa mémoire un tribut plus digne de lui, mais non dicté par un plus pur sentiment. Pour moi, dans ce peu de lignes, j'ai cherché quelque allégement à ma douleur. J'avois besoin de m'occuper de lui : j'ai soulagé mon cœur. SAINT-NON, ame douce et tendre, reçois ce dernier hommage.... les larmes d'un ami ;... mais non, je sens que ce ne seront pas les dernières.

Paris, ce 10 Décembre 1791.

Envoyé de la part du frère dont vous partagez les regrets,

www.ingramcontent.com/pod-product-compliance
Lightning Source LLC
Chambersburg PA
CBHW060945050426
42453CB00009B/1135